AF353461

ESENCIA CÓSMICA

ACUARIO

Leo Kabal

Editorial ⊙ Creación

Temática: Astrología, Horóscopo, Angelología
Colección: Esencia Cósmica

© Leo Kabal
© Editorial Creación
    Jaime Marquet, 9
    28200 - San Lorenzo de El Escorial
    (Madrid)
    Tel.: 91 890 47 33
    http://www.editorialcreacion.com
    http://editorialcreacion.blogspot.com/

Diseño de portada: Mejiel

Primera edición: mayo de 2013
ISBN: 978-84-15676-36-2
Depósito Legal: M-14527-2013

CONTENIDO

INTRODUCCIÓN

Saber hoy a ciencia cierta cuándo empezó la Humanidad a interesarse por los astros y cuáles fueron las bases de lo que se conoce como Astrología, es una tarea difícil, por no decir imposible.

No obstante, cuando miramos hacia atrás en el tiempo intentando buscar un origen, encontramos que la mayoría de los pueblos de la antigüedad tenían muy en cuenta las posiciones planetarias a la hora de tomar decisiones importantes. Todo el mundo creía en ella y los reyes tenían a sus propios astrólogos, a los que consultaban para tomar las decisiones relevantes.

Aunque la ciencia astrológica se remonta más atrás en el tiempo, los doce signos astrológicos, tal como los conocemos hoy, aparecieron en Babilonia, en el siglo V a. C. Este sistema consiste en la división del cielo en doce partes iguales de 30 grados cada uno.

Pero signos y constelaciones no son lo mismo, aunque muchos hayan querido confundir los términos para desacreditar a los astrólogos y la Astrología. Expliquemos la diferencia.

La Eclíptica es el círculo imaginario que atraviesa el Sol en su recorrido anual aparente alrededor de la Tierra, aunque en realidad se trata de una proyección en los cielos de la linea imaginaria que dibuja la Tierra en su movimiento de traslación (recorrido anual alrededor del Sol).

A un lado y otro de la Eclíptica hay una franja celeste denominada Zodiaco, dentro de la cual permanecen el Sol, la Luna y los planetas. En esta franja hay doce constelaciones cuyos nombres son los mismos que el de los doce signos. Pero a diferencia de los signos, las constelaciones tienen una longitud desigual, es decir, no miden 30 grados cada una, sino que unas miden más y otras, menos.

Hay algunos astrólogos que afirman que primero fueron los signos y después vinieron las constelaciones. Es decir, los signos fueron dados a la humanidad primitiva por inspiración. Después, el hombre buscó algo semejante en los cielos y encontró las constelaciones.

Sea como fuere, lo importante es que los signos astrológicos y las constelaciones de estrellas no son lo mismo. Los signos son sectores del Zodiaco de 30 grados cada uno y las constelaciones tienen una longitud diferente. Además, debido a la precesión de los equinoccios, tampoco coinciden en el comienzo de la primavera, cuando el Sol cruza el ecuador celeste, sino que, en ese punto, el Sol cruza el grado cero de Aries en lo referente a los signos, mientras que en lo referente a las constelaciones, varía. Ese es el motivo de que cuando el Sol se encuentra en el signo de Aries, actualmente lo hace en la constelación de Piscis. Es también la base para afirmar que la Humanidad está actualmente en la Era de Piscis y camina hacia la Era de Acuario.

Pero en lo referente a los signos, esto no debe preocuparnos, ya que siguen siendo los mismos, y las fechas en las que rigen cada uno de ellos permanecen invariables.

Según algunos astrólogos modernos, la Astrología no es solo un sistema de predicción, sino que comprende la esencia cósmica de la cual todos nos nutrimos tanto material como espiritualmente. De hecho, los nombres de los doce signos corresponden a doce entidades espirituales que se ocupan de hacernos llegar la energía con la que construimos y desarrollamos nuestra existencia.

En el principio de los tiempos, al iniciar la creación de nuestro Sistema Solar, Dios trazó un espacio, de donde tomó la esencia para que su obra creciera y se multiplicara. Este espacio es conocido con el nombre de Zodiaco. De este Zodiaco procede la esencia que ha dado forma a todo lo que existe hoy en nuestro Sistema Solar, incluidos nosotros.

De lo que antecede podemos deducir que el Zodiaco es mucho más importante de lo podría parecer a primera vista, pues sin él no existiría nada en nuestro universo solar.

Vemos así que el Zodiaco marca la evolución de la Humanidad a través de los signos conocidos como Aries, Tauro, Géminis, Cáncer, Leo, Virgo, Libra, Escorpio, Sagitario, Capricornio, Acuario y Piscis. Cada individuo debe renacer constantemente en los distintos signos para evolucionar mediante las vivencias que cada uno le aporta.

Así, en el sentido cósmico, cuando nacemos en Aries, traemos al mundo un nuevo designio divino, un proyecto original, que iremos desarrollando a través de las distintas etapas, es decir, en las distintas encarnaciones por las que hemos de pasar. La rueda astrológica se convierte así en la rueda de los renacimientos a través de los cuales evolucionamos desde la inconsciencia hacia la omnisciencia. La meta es convertirnos algún día en dioses creadores. El orden evolutivo sigue un orden distinto del de la rueda astrológica, que como sabemos es Aries, Tauro, Leo, etc., hasta Piscis.

En el orden cósmico primero es el Fuego: Aries, Leo y Sagitario. Segundo, el Agua: Cáncer, Escorpio y Piscis. Tercero, el Aire: Libra, Acuario y Géminis. Y por último, la Tierra: Capricornio, Tauro y Virgo.

Este sería el orden lógico en la evolución. O sea, primero encarnaríamos en los signos de Fuego, luego en los de Agua, etc. Y, al llegar al último signo de Tierra: Virgo habríamos culminado nuestra evolución y adquirido todas las experiencias necesarias para llegar a ser dioses creadores. Pero este orden fue roto porque los hombres no fuimos capaces de asimilar las energías divinas tal como se nos iban proporcionando. De esta forma, unas veces fuimos hacia adelante y otras hacia atrás, unas veces avanzando y otras quedándonos rezagados.

Por este motivo, tenemos que culminar varios ciclos desde Aries a Virgo antes de alcanzar la perfección, pero ahora ya no seguimos el orden primordial: Fuego, Agua, Aire y Tierra, sino que, debido al estancamiento en algunas etapas, tenemos que volver a ellas de nuevo. Por eso, en una encarnación podemos nacer en Aries, mientras que en la siguiente lo hacemos en Tauro o Libra, dependiendo de los trabajos pendientes de realizar que hayamos dejado en el camino.

El signo del horóscopo bajo el cual hemos nacido marca únicamente el lugar del sol en nuestra carta natal. Para un estudio más profundo, cada lector debe recurrir a la interpretación de su carta astral completa, porque ella le descubrirá muchos más aspectos de su personalidad y su trabajo en la vida presente que el estudio simple del signo bajo el cual ha nacido. Aunque sin duda el sol en un horóscopo marca el lugar donde se instala nuestro Yo en la presente encarnación para poder llevar a cabo su programa de vida marcado por las demás tendencias de nuestra carta de nacimiento. Por ese motivo, cualquier estudio sobre él es de la máxima importancia. Más adelante, si el lector lo desea, podrá estudiar su carta con profundidad y desarrollar su potencial en todos los aspectos. Mientras tanto, le ofrecemos este pequeño estudio para que pueda conocerse un poco más y aprenda a conducirse de acuerdo con la energía de los astros para hacer su vida un poco más llevadera.

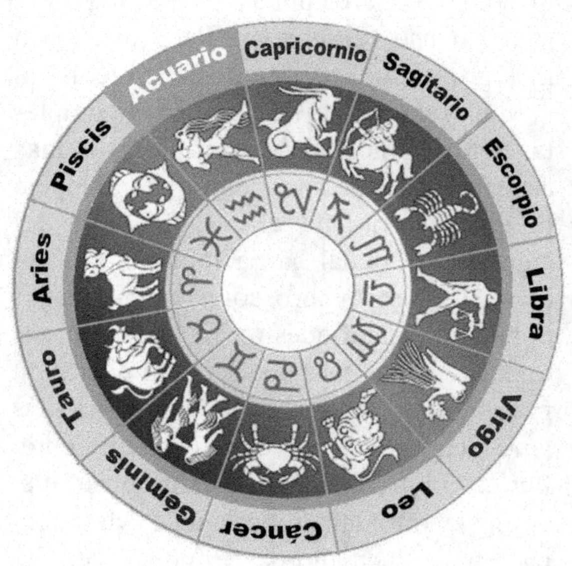
Acuario
Capricornio
Sagitario
Escorpio
Libra
Virgo
Leo
Cáncer
Géminis
Tauro
Aries
Piscis

ACUARIO

21 de enero al 22 de febrero

La Verdad os hará libres

Elemento: Aire

Símbolo: ♒

Color: Índigo, marrón oscuro

Planeta regente: Saturno

Gemas: Ópalo, perla negra

Metal: Platino o plomo

Día de la semana: Sábado

Números de la suerte: 4 y 11

Imagen medieval de Acuario.
(Libro de Horas del siglo XIV).

Imagen medieval de Saturno, planeta regente de Acuario y Capricornio.
De Sphaera.

SÍMBOLOS DE ACUARIO
Y SATURNO

Está representado por unas líneas onduladas que se asemejan a las ondas de agua. Pero estas ondas proceden del Aguador, figura de un hombre que vierte el agua de un cántaro sobre la tierra. Se dice que este agua es aérea y etérea, son los fluidos celestes, y se destinan más a apagar la sed del alma que la del cuerpo.

Simboliza la amistad y la fraternidad universal, la cooperación, la vida social en contraposición a la individual, la razón universal.

En Saturno tenemos una cruz sobre un semicírculo: ♄. Lo material (la cruz) encima, pero aquí está sobre el alma (el semicírculo), que forma una trinidad con el espíritu y el cuerpo. Podemos interpretar

que el egoísmo predomina sobre el bien,
los deseos se inclinan hacia el materialismo. Saturno en un horóscopo representa,
entre otras cosas, al materialista. Digamos
que, en sentido positivo, el individuo se
aleja de lo espiritual para estudiar a fondo la materia y encontrar la quintaesencia
que lo mueve, que será, ni más ni menos,
el alma de las cosas.

ALEGORÍA DE ACUARIO

... Y era de mañana cuando Dios se puso ante sus doce hijos e implantó en cada uno la semilla de la vida humana, Cada hijo, uno a uno, dio un paso adelante para recibir el don que se le había destinado.

—A ti, ACUARIO, te doy la visión del futuro, para que el hombre pueda ver nuevas posibilidades. Padecerás el dolor de la soledad porque no te permito personalizar Mi Amor. Pero, para que endereces la mirada del hombre hacia nuevos horizontes, te doy el don de LA LIBERTAD, a fin de que en ella puedas seguir sirviendo a la Humanidad allá donde sea menester.

Y Acuario volvió a su lugar.

Entonces Dios dijo:

—Cada uno de vosotros tiene una parte de Mi Idea. No confundáis esta parte con la totalidad de Mi Idea, ni intentéis cambiaros las partes entre vosotros. Porque cada uno de vosotros es perfecto, pero eso no lo sabréis hasta que los doce seáis uno. En este momento, Mi Idea, en su totalidad, será revelada a cada uno de vosotros.

Y los hijos se fueron, decidiendo cada cual hacer su trabajo lo mejor posible, para poder recibir su don. Pero ninguno comprendió totalmente su tarea ni su don, y cuando volvieron confusos, Dios les dijo:

—Cada cual cree que los otros dones son mejores. Así, pues, os permitiré intercambiarlos.

Y, de momento, cada hijo se entusiasmó considerando todas las posibilidades de su nueva misión. Pero Dios se sonrió diciendo:

—Volveréis a mí muchas veces, pidiendo que os releve de vuestra misión, y cada vez os concederé vuestro deseo. Pasaréis por incontables encarnaciones antes de que cumpláis la misión original que os he prescrito. Os concedo un tiempo ilimitado para llevarlo a cabo, y sólo cuando lo hayáis conseguido podréis estar conmigo.

PERSONALIDAD

Los Acuario interiorizan el contenido mental, lo cual crea genios, científicos, personas que aplican la razón y la lógica a todos sus actos. Suelen ser altruistas progresistas, originales, independientes. Deben superar la rebeldía contra lo establecido, las ideas subversivas, la insociabilidad.

Está representado por un hombre que vierte el contenido de un jarrón sobre la Tierra, conocido como el aguador. Ya hemos visto que este Agua no es terrestre, sino celeste, y que se destina a apagar más bien la sed del alma. Es el Agua del conocimiento y las experiencias que este signo necesita llenar para depositarla en la Tierra, es decir, para beneficio de la Humanidad. En este sentido, Acuario será aquel que, mediante sus actos y comportamiento, trae a los hombres el alimento espiritual que necesitan para apagar la sed de conocimiento que demandan sus almas.

En este sentido, se interesará siempre por el progreso de la Humanidad y hará lo posible porque así sea. Procurará estar ahí donde se necesita un conocimiento que sobrepase las barreras de lo conocido, que sea vanguardista. Por eso, la mayoría de las veces podremos encontrarlo en sitios donde pueda impartir este conocimiento que él intuye. Será el científico, el profesor de literatura, de política; el artista, etc.

Acuario es un signo intelectual, y los nacidos en él, poseen por lo general una buena mentalidad, que no se queda en lo básico de las cosas, sino que profundiza en ellas hasta encontrar la quintaesencia.

En la rueda astrológica se sitúa en la casa XI, la cual representa a la Humanidad, los amigos, los protectores. Así Acuario tienen un alto sentido de la Humanidad en general y de los amigos en particular, a los cuales valora por encima de otras cosas que consideran menos importantes. También muchos nativos de este signo se convierten en protectores de las personas de su entorno. Incluso, a veces, en verdaderos mecenas que financian obras importantes que puedan hacer avanzar a la Humanidad y dar algún paso en favor del progreso.

La rutina y la monotonía no son de su agrado, así que buscará siempre salir de ellas de cualquier forma, lo que, algunas veces, les llevará a hacer cosas que para la mayoría de los mortales son extravagantes o inadecuadas.

Una vez que se ha formado una opinión sobre alguien o algo en particular le será muy difícil cambiarla, Siendo un signo fijo, aunque sea de Aire (que suelen ser más razonables), no dejará que otro le haga cambiar de parecer tan fácilmente.

Son pacíficos y disfrutan haciendo cosas que puedan hacer más felices a los demás. Huyen de la violencia como «ánima que lleva el Diablo». Una forma de actuar que puede llevar a pensar a los demás que son cobardes, pero lo que ocurre es que son muy miedosos y no soportan la violencia. En este sentido, harán todo lo posible porque en su entorno se respire paz y tranquilidad. Si pudieran, harían de la Tierra un paraíso, y a menudo lo intentan desde su medioambiente, pues consiguen crear un lugar donde la violencia y los «malos rollos» no tengan cabida.

Su principal trabajo consiste en hacer que la libertad, la paz y el altruismo sean una realidad en todo el mundo, aunque muchas veces, para conseguirlo, haga cosas que traspasen los límites de la Ley Cósmica.

Le gustan las reuniones, las organizaciones y los grupos donde se debaten y se estudian nuevas ideas. Pero debe tener especial cuidado en no dar por válidas y bienhechoras para la Humanidad ideas perversas, por muy adelantadas que parezcan a simple vista.

CUALIDADES A DESARROLLAR

Amistad.
Independencia.
Libertad.
Intelectualidad.
Altruismo.
Fraternidad Universal.
Tolerancia.
Lógica, razón.
Ciencia.
Humanidad.

DEFECTOS A SUPERAR

Insociabilidad.
Ideas subversivas.
Obstinación
Excentricidad
Radicalismo.
Intolerancia.
Rebeldía.
Frialdad.
Timidez.

AMOR Y COMPATIBILIDAD

Acuario en el amor es bastante sorprendente. Nunca se sabe muy bien a qué atenerse cuando se tiene de pareja a este signo. No se atiene a normas sociales, más bien es de concepciones libres e independientes. Lo que para otros puede suponer un freno, por el «qué dirán» o por determinadas costumbres que no están muy bien vistas en la sociedad, para ellos no supone ningún pudor. Son capaces de aparecer sin avisar en la casa de la persona que aman y, con las mismas, proponerle ir a tomar una coca cola mientras vislumbran la puesta de sol esa misma tarde. O llamarla por teléfono a horas que no son normales para darle una sorpresa

Nunca resulta monótona la relación con un Acuario, pues siempre busca, desde la libertad que caracteriza al signo, algo original con lo que sorprender a la pareja. Para él no existen convencionalismos, normas sociales ni horarios.

No soporta que nadie intente tenerle en exclusiva, ya que quien lo haga sufrirá tremendas desilusiones, pues, por encima de todo, quiere seguir conservando su independencia sin ataduras ni pactos de convivencia. Todo aquel que quiera tenerle bajo su dominio, saldrá mal parado, ya que podría incluso perderlo como pareja.

La relación de convivencia o matrimonial seguirá estas mismas normas de libertad. Y es incluso posible que inunde la casa de amistades muy a menudo, ya que para él es muy importante la amistad y realmente se siente feliz entre un grupo de amigos.

Cualquiera que quiera tener de pareja a Acuario deberá acostumbrarse, pues, a esta manera de ser y no protestar ante sus gustos excéntricos, sus comportamientos desconcertantes y su franqueza, que a menudo podrá ser áspera, rígida y cortante.

El amor en Acuario puede concebirse de manera muy distinta del común de los mortales. Para él, no se trata de algo sentimental o pasional hacia alguien en particular, sino más bien de una amistad íntima con la que vivir muchas cosas, un compañero o compañera de viaje con el cual compartir gustos y aficiones. El sexo y los sentimientos serán importantes, pero no dejará que acaparen toda su existencia, sino que buscará en su pareja al complemento intelectual en la búsqueda de objetivos comunes.

Por supuesto, en una relación con Acuario puede haber más o menos movimiento, pero nunca será aburrida.

ACUARIO - ARIES

Una combinación muy buena, siempre y cuando los dos signos respetan su recíproca necesidad de independencia.

El amor, normalmente, en esta relación no suele ser muy apasionado, sino que se basa en la amistad, la franqueza y el respeto mutuo. Acuario no es muy amigo de las relaciones vulgares basadas únicamente en la atracción sexual (cosa que a Aries no suele importarle), sino que va más allá, busca una relación de amistad y confidencia.

Aries no se aburrirá con una pareja Acuario, pues esta le proporcionara toda clase de estímulos intelectuales por su originalidad y su capacidad para provocar situaciones fuera de lo normal. Sin embargo, debe tener cuidado con los celos, pues Acuario cultiva profundamente el sentido de la amistad, y esto, a veces, a Aries puede hacerle enfadar y sentirse desplazado. Por consiguiente, creerá ver infidelidad allí donde todo lo que hay es una buena amistad.

ACUARIO - TAURO

Tierra y Aire son dos elementos que no combinan bien, lo que se traduce a niveles prácticos por la orientación hacia objetivos materiales (Tauro), o intelectuales (Acuario).

Las diferencias pueden hacerse patentes en la relación. Tauro es un signo fijo, tradicional, que admite pocos cambios.

Acuario está lleno de nuevas ideas que van más allá del tiempo presente.

En las relaciones afectivas, Tauro buscará un comportamiento por parte de su pareja, más emotiva y sensual, mientras que Acuario se orientará más hacia lo cerebral y universal.

Tauro, signo conservador y fiel y amante de la vida en el hogar, no entenderá bien a Acuario, que se mostrará independiente, indisciplinado y amante de las relaciones sociales.

ACUARIO - GÉMINIS

Dos signos de Aire que pueden llegar a entenderse muy bien, debido a su naturaleza más cerebral que emotiva.

Entre los dos habrá un intercambio de ideas y opiniones que hará imposible la monotonía en la pareja. El uno (Acuario) es creador de ideas originales; el otro (Géminis) puede expresarlas con gracia y naturalidad, ya sea oralmente o por escrito, convenciendo a su auditorio por su fluidez de vocabulario y su convicción.

Como ambos signos son de naturaleza sociable, tendrán un amplio abanico de amistades, con las cuales compartirán sus ideas y aficiones.

En resumen, una relación fructífera en todos los sentidos, que podría ser feliz y duradera.

ACUARIO - CÁNCER

En principio, el acuático Cáncer con el aéreo Acuario no casan muy bien, aunque el símbolo de este último sea el del aguador.

Estos signos se encuentran en longitudes de onda bastante alejadas. Mientras que Cáncer es imaginativo, sensible, influenciable y receptivo, Acuario es más bien racional, lógico y poco dado a las demostraciones de cariño.

Además, a Acuario le importa mucho la amistad y la Humanidad en general, y Cáncer busca cobijo en el entorno familiar.

En el amor, Cáncer no se sentirá satisfecho con su pareja Acuario, ya que demandará de este que se esfuerce un poco más en su demostración de amor y que permanezca más tiempo en el hogar, y se esforzará por hacer para él un hogar lo más agradable que pueda. Acuario, en cambio, huirá del hogar a la primera de cambio a relacionarse con sus amigos y a eventos y acontecimientos sociales.

Pueden encontrar un punto de equilibrio cediendo cada uno una parte de sus hábitos y forma de relacionarse con su entorno. Acuario, puede, por ejemplo, invitar a sus amigos a casa, y Cáncer salir un poco más del hogar para complacer a su pareja.

ACUARIO - LEO

Una relación armónica que, en principio, no tiene por qué ir mal. Leo ama a la persona, al individuo, y Acuario, a la Humanidad. En la rueda astrológica se encuentran en oposición, lo que significa que lo que a uno le falta lo tiene el otro.

Así, Leo puede aportar a Acuario sus dotes artísticas y su capacidad para la enseñanza, y Acuario, su visión intelectual y amistosa de la vida. Además, los dos signos son idealistas, leales, francos, directos y solidarios.

Quizá lo que puede echar para atrás a Leo sea el excesivo sentido de la amistad que tiene Acuario, pues este puede llenarle la casa de amigos cada dos por tres, cosa que Leo no soportará, pues es más amigo de la intimidad. Y Acuario no llevará bien el exceso de autoritarismo de Leo. Por lo que los dos harían bien en comprender al otro y hacer un esfuerzo de tolerancia y adaptabilidad, atendiendo más a los gustos y preferencias de su pareja para no hacerle daño.

Por lo demás, puede haber perfecta armonía y entre los dos establecer un vínculo duradero, ya que, al ser signos fijos, llevan mal las relaciones pasajeras y buscan una relación estable.

ACUARIO - VIRGO

Virgo, signo regido por Mercurio, el planeta de la razón, puede tener alguna sintonía con el intelectual y cerebral Acuario. No obstante, ambos pertenecen a elementos incompatibles, como son el Aire y la Tierra.

Virgo razona y analiza todo con detalle, característica esta del científico, cuya relación con Acuario es evidente. En este sentido, su colaboración intelectual resultará útil en cualquier trabajo o problema en común, ya que a ambos les gusta llegar al fondo de las cosas.

También encontrarán afinidad entre sus preocupaciones de carácter social: Virgo se interesará por el problema de los animales, los pobres y los trabajadores; Acuario por las obras sociales.

Las relaciones sentimentales pueden no ser lo que busca cada uno, pues los dos se mostrarán fríos y cerebrales, lo que no ayudará en nada a una relación placentera. Además, a Virgo le gustará retener a su pareja en casa más tiempo, cosa que a duras penas conseguirá, pues la mayoría de las veces estará con sus amistades o realizando alguna actividad de tipo social.

Puede ser una relación duradera, aunque deben respetarse su independencia.

ACUARIO - LIBRA

Una combinación excelente, ya que resultan ser dos signos positivos de Aire.

Libra sentirá especial atracción por Acuario, debido a su originalidad, imprevisión y futurismo, que llamará poderosamente su atención. Y Acuario será seducido por la atracción natural y la belleza y armonía de Libra.

Pero lo que unirá más que nada a estos dos signos será su relación de amistad y sus aficiones comunes, como un mismo interés por lo curioso, lo nuevo, la tecnología y todas aquellas cosas que se salgan de lo común y ordinario.

Les gusta vivir en pareja pero manteniendo ambos su propia parcela de libertad.

Los dos son sociables y aman lo que está más allá del orden cotidiano. Sin embargo, Libra, aunque tiene una forma de ser conciliadora y pacífica, a veces será sorprendido y se llevará algún que otro sobresalto, debido a las excentricidades y alguna que otra acción imprevista de Acuario.

También en la forma de vestir pude que haya disonancias. Libra gusta más la elegancia y la armonía, mientras que Acuario es más libre y bohemio, pues le importa menos la opinión de la gente.

Salvando estas formas de ver la vida un tanto distinta y que podría traer alguna que otra discusión, la relación se prevé duradera y estimulante por ambas partes.

ACUARIO - ESCORPIO

En principio, no combinan muy bien, ya que el celoso, dominante y pasional Escorpio encontrará oposición con el independiente y rebelde Acuario. Pues este último no se acogerá a ninguna norma impuesta por su pareja y tenderá más a llevar una vida independiente y social, lo que no llevará bien Escorpio, que le gustaría quedarse en casa y hacer mejor una vida íntima y de pareja.

Puede haber cierta armonía si Escorpio aprende a dominar y controlar sus pasiones, orientándolas más bien hacia caminos de productividad intelectual o espiritual por una obra social que agrade a Acuario. Acuario debe sacrificar en parte sus relaciones sociales para estar un poco más al lado de su pareja.

Los dos signo, en definitiva, pueden llevarse muy bien si basan la relación en aspectos relacionados con la amistad y el respeto mutuo.

ACUARIO - SAGITARIO

Pueden llegar a tener muy buena relación, pues los dos comparten gustos y aficiones semejantes: los dos son independientes y respetan al otro concediéndole un espacio de libertad, sin restricciones ni posesividad.

En esta pareja es muy raro que se den los celos. Por lo tanto, la relación puede ser duradera si no se agobian con una convivencia en común demasiado presente, es decir, les irá mejor no verse tanto, que estar constantemente el uno junto al otro, ya que esto les resultará tremendamente monótono y aburrido.

No obstante, la falta de celos por parte de ambos signos puede llegar a entenderse, sobre todo por parte de Sagitario, que hay falta de interés y amor hacia él lo que podría provocar algún que otro conflicto, que conviene evitar con alguna demostración de cariño de vez en cuando.

A ambos le parecerá secundario el factor económico, por lo que no tendrán muy en cuenta los gastos, aunque Acuario administrará un poco mejore que Sagitario la economía familiar.

ACUARIO - CAPRICORNIO

Es muy difícil que entre estos dos signos, ambos regidos por el frío Saturno, se establezca una relación de pareja. Ninguno de los dos posee atracción suficiente hacia el otro como para enamorarlo, debido a la naturaleza melancólica y restrictiva de Saturno.

No obstante, Capricornio se podría sentir atraído hacia la comprensión y disposición humanitaria de Acuario, quien le ayudará ofreciéndole su apoyo si se encuentra en una crisis de negativismo y melancolía.

Acuario, no muy dado a convencionalismos, se aburrirá con la compañía de alguien demasiado rígido, conservador y aferrado a lo tradicional como Capricornio.

Si llegan a atraerse hasta tal punto que surge el amor entre los dos, entonces la relación puede ser feliz y duradera, pues seguramente otros elementos del horóscopo pueden estar influyendo.

ACUARIO - ACUARIO

Las personas influenciadas por el mismo signo pueden armonizar, pues ambos poseen los mismos gustos y aficiones; comparten los mismos puntos de vista y les atraen los mismos temas.

Pueden entenderse perfectamente en la relación de pareja, aunque ambos la basarán en la libertad recíproca y la amistad. Serán grandes amigos, sin ataduras ni imposiciones de ningún tipo.

Su hogar parecerá más bien una sala de reuniones de amigos; encuentros y presentaciones de unos a otros; charlas, tertulias, fiestas...

Ante los ojos de los demás será una relación austera, fría, falta de demostraciones cariñosas, pues no se darán a las exhibiciones públicas de ternura, ya que las considerarán pueriles.

La vida sexual pasará a segundo plano, sin que se le dé por ambas partes demasiada importancia. A veces, incluso, si hay algún problema por ese motivo, sin preocuparse en exceso, dejan que se arregle por sí solo.

ACUARIO - PISCIS

Relación que puede resultar difícil debido a la incompatibilidad de caracteres. Acuario es un signo de Aire, relacionado con la razón y la lógica. Piscis es de Agua, y se relaciona con los sentimientos. Esto se traducirá en la vida práctica por diversos choques de incomprensión del uno hacia el otro.

Acuario se mostrará franco, directo y cortante, con afirmaciones un tanto bruscas para el carácter pisciano, que recibirá este comportamiento como una ausencia de amor y delicadeza emocional por parte de su pareja, cosa que le dolerá especialmente. Por su parte, Acuario no entenderá muy bien que Piscis sea tan afectivo y emocional, y le irritará bastante que se aflija tanto y por cualquier cosa. Pero le costará mucho consolarlo, ya que sus palabras se dirigirán a la razón, lo que no ayudará a Piscis.

En el amor ocurrirá un poco lo mismo. Acuario esperará de Piscis una relación cerebral, racional, más de amistad. Piscis, por su parte, buscará en su pareja el romanticismo, el apoyo sentimental, los buenos sentimientos...

Pueden encontrar cierta armonía si se proponen un objetivo común de ayuda a la Humanidad, pues Acuario desarrollará su potencial social y humanitario; y Piscis podrá trabajar en la vocación que le caracteriza de ayuda al prójimo, al pobre, al enfermo, con abnegación.

SALUD

Acuario rige las piernas, hasta los tobillos. También tengamos en cuenta el signo opuesto, que es Leo, el cual rige la circulación sanguínea y el corazón. Por tanto, las aflicciones o malos aspectos de los planetas sobre este signo pueden llegar a producir las distintas dolencias que afectan a estas zonas del cuerpo:

Flebitis.
Dolores de piernas.
Varices.
Úlceras varicosas.
Hinchazón de tobillos o piernas.
Calambres.
Debilidad cardiaca.
Mala circulación de la sangre.
Esguinces.
Torcedura de tobillo.
Etc.

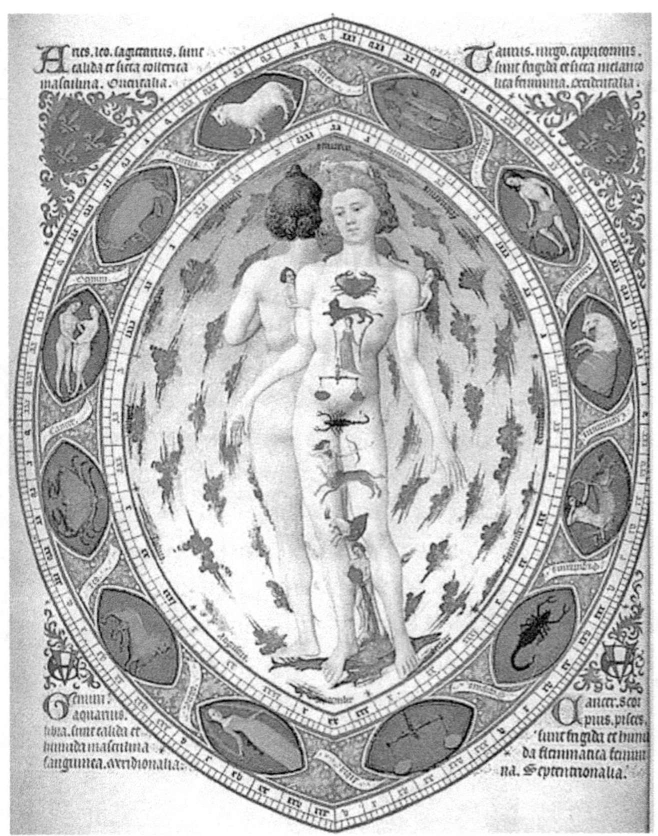

El hombre y el Zodiaco, de Paul Malouel, muestra las asociaciones de los Signos del Zodiaco con las distintas partes del cuerpo.

Por lo tanto, deberá tener especial cuidado con estas zonas de su cuerpo y prestarles más atención de lo normal, y no abusar sobrecargándolas o sobreexcitándolas.

Cuando se producen malos aspectos sobre Acuario da lugar a todos los problemas relacionados con una mala administración de la energía del signo y de Saturno, planeta que lo rige. Si quiere evitarlos, debe tener especial cuidado y tomar conciencia de cómo está trabajando dicha energía. Por ejemplo, la mala administración de esta energía se traduce por comportarse con los demás con los peores defectos del signo: materialismo, dureza excesiva, castigos severos, restricciones... y sobre todo, debe combatir la avaricia y huir del materialismo. Si quiere recuperar la salud, debe evitar al máximo este tipo de comportamientos.

TRABAJO

Acuario necesita desplegar su potencial científico e inventivo que posee.

Así pues, se sentirá bien realizando trabajos donde pueda demostrar su ingenio y sus ideas nuevas y revolucionarias. En este sentido, podría disfrutar en empleos como los siguientes:

- Profesiones progresistas.
- Informático.
- Electricista.
- Radiotelegrafista.
- Inventor.
- Sociólogo.
- Científico.
- Aviador.
- Matemático.
- Astrólogo.
- Nuevas tecnologías...

Los nueve Coros Angélicos se mueven en torno a la esfera central, que representa a la Divinidad.
Ilustración de Gustavo Doré para la obra de Dante Alligeri *La Divina Comedia.*

ÁNGELES DE ACUARIO

La esfera del Zodiaco mide 360 grados de longitud, que se divide entre los doce signos del Zodiaco, dando como resultado un espacio de 30 grados de longitud a cada signo.

Dentro de estos 30 grados tienen su domicilio y radio de acción 6 ángeles conocidos en la Tradición como Genios de la Cábala, a razón de 5 grados por ángel.

Con respecto al signo de Cáncer, los nombres de estos ángeles son los siguientes:

De 0 a 5 grados de Acuario (del 21 al 25 de enero) rige el ángel llamado Umabel.

De 5 a 10 grados de Acuario (del 26 al 30 de enero) rige el ángel llamado Iah-Hel.

De 10 a 15 grados de Acuario (del 31 de enero al 4 de febrero) rige Anauel.

De 15 a 20 grados de Acuario (5 de enero al 9 de febrero) rige el ángel llamado Mehiel.

De 20 a 25 grados de Acuario (del 10 de enero al 14 de febrero) rige el ángel llamado Damabiah.

De 25 a 30 grados de Acuario (del 15 de enero al 19 de febrero) rige el ángel llamado Manakel.

El nativo de Acuario tendrá uno u otro ángel guardián dependiendo de la fecha en la que haya nacido dentro de este radio de acción, con él podrán comunicarse en cualquier momento para pedirle que le ayude en su acción cotidiana y cumplir así con el objetivo de su Yo Superior.

Las enseñanzas y virtudes que proporciona estos ángeles durante la vida del nativo son las siguientes:

UMABEL, DEL 21 AL 25 DE ENERO

Conseguir amistades (citar el nombre); aprendizaje fácil de la Astrología, la Astronomía, la Física y las Ciencias Ocultas; gusto por los viajes agradables y todos los placeres honestos; consuelo en las penas de amor; felicidad y alegría; protección contra el libertinaje y la entrega a placeres contrarios al orden cósmico.

La esencia de su programa es:

AFINIDAD, AMISTAD, ANALOGÍA. Y esta cualidad es la que más sobresaldrá durante toda la vida del individuo que haya nacido bajo su influencia.

Clave: *Muchas amistades y capacidad para el aprendizaje de las altas ciencias*

IAH-HEL, DEL 26 AL 30 DE ENERO

Afán de saber; sabiduría; ayuda a los filósofos y los que buscan la luz y el conocimiento; proporciona lugares de tranquilidad y de soledad; buen entendimiento entre cónyuges; distinción por su modestia y sus virtudes; desprendimiento; protección contra el escándalo, el lujo y el divorcio.

La esencia de su programa es:

AFÁN DE SABER. Y esta cualidad es la que más sobresaldrá durante toda la vida del individuo que haya nacido bajo su influencia.

Clave: *Afán por saber lo que se esconde detrás de todas las cosas*

ANAUEL, DEL 31 DE ENERO AL 4 DE FEBRERO

Llevar el mensaje espiritual de Cristo a las naciones; protección contra los accidentes; buena salud y curación de enfermedades con todo tipo de terapias; capacidad para desempeñar trabajos relacionados con la banca y el comercio; espíritu sutil e ingenioso; espíritu sutil e ingenioso; protección contra la locura, la prodigalidad y la ruina por el mal comportamiento.

La esencia de su programa es:

PERCEPCIÓN DE LA UNIDAD. Y esta cualidad es la que más sobresaldrá durante toda la vida del individuo que haya nacido bajo su influencia.

Clave: *Energía y fuerza para llevar un mensaje espiritual a las naciones*

MEHIEL, DEL 5 DE ENERO AL 9 DE FEBRERO

Protección contra los instintos, los animales feroces y las fuerzas del mal; capacidad para expresarse por escrito; éxito en trabajos de imprenta y librería; distinción en la literatura; concede las plegarias de los que esperan misericordia de Dios; ayuda a los sabios, los oradores, los autores y los profesores; protección contra los falsos sabios, las controversias, las disputas literarias y la crítica.

La esencia de su programa es: VIVIFICACIÓN. Y esta cualidad es la que más sobresaldrá durante toda la vida del individuo que haya nacido bajo su influencia.

Clave: *Energía para vivificar a los que están dormidos, dándoles ánimos para seguir adelante*

DAMABIAH, DEL 10 DE ENERO AL 14 DE FEBRERO

Protección contra los sortilegios; sabiduría y éxito en empresas útiles; ayuda en las expediciones marítimas y las construcciones navales; ayuda a los marineros, los pilotos, la pesca y a los comercios relacionados con el mar; descubrimiento que puede valer una fortuna; protección contra las tempestades y los naufragios, tanto físicos como morales.

La esencia de su programa es:

FUENTE DE SABIDURÍA. Y esta cualidad es la que más sobresaldrá durante toda la vida del individuo que haya nacido bajo su influencia.

Clave: *Energía para poder enfrentarse a cualquier situación*

MANAKEL, DEL 15 DE ENERO AL 19 DE FEBRERO

Calmar la cólera de Dios y curar el mal pasajero; influye sobre el sueño (para conciliarlo) y sobre los sueños; bellas cualidades de cuerpo y de alma; carácter dulce que atrae la amistad y la benevolencia de las gentes de bien; discernimiento para conocer el bien y el mal; protección contra las malas cualidades físicas y morales.

La esencia de su programa es:

CONOCIMIENTO DEL BIEN Y DEL MAL. Y esta cualidad es la que más sobresaldrá durante toda la vida del individuo que haya nacido bajo su influencia.

Clave: *Discernir entre lo positivo y lo negativo en la vida cotidiana*[1]

---

[1] Para más información sobre el tema de los ángeles y la Astrología, véanse mis libros: *Ángeles protectores y Ángeles, las fuerzas ocultas del Universo,* publicados por esta editorial.

PERSONAS CÉLEBRES NACIDAS EN ACUARIO

- Ariadna Gil, 23-01-1969: actriz española
- Cristiano Ronaldo, 05-02-1985: futbolista portugués
- Elvira Lindo, 23-01-1962: escritora española
- Félix Candela, 27-01-1910: arquitecto e ingeniero español
- Friedrich Schelling, 27-01-1775: filósofo alemán
- Geena Davis, 21-01-1956: actriz estadounidense
- Isabel Preysler, 17-02-1951: modelo filipina
- Javier Gurruchaga, 12-02-1958: cantante español
- Joaquín Sabina, 12-02-1949: cantautor español.

- Lewis Carroll, 27-01-1832: lógico, matemático, fotógrafo y novelista británico
- Mischa Barton, 24-01-1986: actriz británica
- Mónica Molina, 24-01-1968: cantante española
- Mozart, 27-01-1756: compositor austriaco
- Paris Hilton, 17-02-1981: actriz y cantante estadounidense
- Plácido Domingo, 21-01-1941: Tenor español
- Príncipe Felipe: 30-01-1968: Príncipe de Asturias
- Samuel Chao Chung Ting, 27-01-1936: físico chino estadounidense, Premio Nobel de Física en 1976
- Shakira, 02-02-1977: cantante colombiana
- Yaser Arafat, 17-02-1929: antiguo líder de la OLP

TALISMANES

Los amuletos o talismanes de Acuario deben fabricarse con todos o parte de los elementos relacionados con el signo. En particular, con las gemas, los metales y los colores. Por ejemplo:

Las gemas de la suerte de Acuario son el ópalo, perla negra. El metal es el platino o plomo. Así pues, se pueden fabricar amuletos con estos elementos y llevarlos encima, bien la piedra o metal a secas en un bolsillo o bien como colgante, llavero, etc. También se puede hacer una bolsita del color del signo, poner todos estos elementos dentro y llevarlo como amuleto.

Los colores de Acuario son el índigo y el marrón oscuro. Por tanto, todo lo que esté adornado con estos colores también favorecerá al nativo, ya sea ropas o cosas que los destaquen.

El día de la semana en el que tendrá especialmente suerte será el sábado. En este día puede comenzar todo tipo de proyectos y acontecimientos en los que quiera tener un efecto favorable. Siempre que no sea para perjudicar al prójimo, claro está.

Sus números de la suerte son el 4 y el 11 y todos sus múltiplos.

Hay que tener en cuenta que un amuleto por sí solo no sirve para nada si no le acompaña una actitud positiva y favorable del individuo y un deseo de avanzar en un camino altruista y benevolente hacia los demás. De esta forma, atraerá a su vida las energías favorables procedentes de las entidades espirituales que operan en Acuario.

OTROS TÍTULOS PUBLICADOS POR ESTA EDITORIAL

LA ESENCIA DE LOS DOCE SIGNOS DEL ZODIACO

Un libro esencial para conocernos a nosotros mismos mediante un estudio completo de cada signo del Zodiaco

ÁNGELES, LAS FUERZAS OCULTAS DEL UNIVERSO

Un estudio completo sobre la importancia de los ángeles en el Universo y en nuestra vida cotidiana, donde se dan a conocer sus nombres y sus funciones específicas.

EL MENSAJE OCULTO DE LOS ASTROS

Un manual completo de Astrología, tanto para el principiante como para el astrólogo avanzado. Extensa interpretación astrológica, y, además, se adentra en el tema de las Sinastrías, la Astrología médica y la Parte de la Fortuna, con muchos ejemplos interesantes.

CÓMO LEVANTAR UNA CARTA ASTRAL, Manual para principiantes.

Un manual para cualquier estudiante: sencillo, ameno y directo, donde se facilita al lector un guión para levantar cartas astrales e interpretarlas.

CÓMO INTERPRETAR UN HORÓSCOPO SIN AYUDA DE NADIE

Enseñanzas básicas para interpretar un horóscopo. Aprenda lo más necesario de su carta astral sin necesidad de hacer cursos interminables.

LOS 12 SIGNOS DEL ZODIACO
(ESENCIA CÓSMICA)

Una colección esencial, con un estudio
completo de cada signo: personalidadad, afinidades
e incompatibilidades en al amor, salud, trabajo, ángeles
y fuerzas de los astros, etc.

www.ingramcontent.com/pod-product-compliance
Lightning Source LLC
LaVergne TN
LVHW020953200726